CON SUMA Y SIGUE...

Entrénate
para las
pruebas
de diagnóstico.

Repasa
para superar
el curso.

Descubre cómo
te acompañan
las matemáticas
en tu día a día.

¡Convierte las
matemáticas
en tus aliadas!

Este cuaderno
pertenece a: ....

....

Bruño

Lee el enunciado de cada problema y haz el cálculo de la suma o la resta. Escribe la respuesta como en el ejemplo.

1 En un aula hay 12 pupitres y el profesor coloca 5 pupitres más. ¿Cuántos pupitres hay en total?

Respuesta: 17 pupitres.

2 Juan compra 10 manzanas en el mercado y se come 3. ¿Cuántas manzanas le quedan?

Respuesta:

3 Pedro tiene una bolsa con 7 caramelos y su amigo Carlos le da 6 caramelos más. ¿Cuántos caramelos tiene Pedro ahora?

Respuesta:

4 En el parque hay 15 amigos jugando y llegan 8 amigos más. ¿Cuántos amigos hay en total en el parque?

Respuesta:

5 María tenía 6 lápices y perdió 2 en clase. ¿Cuántos lápices le quedan ahora a María?

Respuesta: [ ] _____.

6 Un tren está formado por 10 vagones y se añaden 6 vagones más. ¿Cuántos vagones tiene ahora el tren?

Respuesta: [ ] _____.

7 Tomás pescó 14 peces en el lago el fin de semana. Fue al mercado y vendió 3 peces. ¿Cuántos peces le quedaron?

Respuesta: [ ] _____.

8 Irene compró 5 cuadernos y le dio 2 a su amiga María. ¿Cuántos cuadernos le quedaron?

Respuesta: [ ] _____.

1 Mi tío Alberto tiene 57 euros y compra un paraguas por 23 euros. ¿Cuántos euros le quedan?

Respuesta: ☐ _____.

2 Mi amiga Lucía tiene 6 marionetas y ha regalado 2 a su hermana Rita. ¿Cuántas marionetas le quedan?

Respuesta: ☐ _____.

3 Hay 54 personas en una función de circo y se marchan 23 antes de que termine. ¿Cuántas personas se quedan?

Respuesta: ☐ _____.

4 En mi cumpleaños había 35 globos hinchados y se explotaron 14. ¿Cuántos globos quedaron?

Respuesta: ☐ _____.

5 La hermana de Sara tenía 17 pegatinas de frutas y perdió 5 ayer. ¿Cuántas pegatinas tiene ahora?

Respuesta: _____ _____.

6 Ayer compré 13 chuches por la mañana y me comí dos en el recreo. ¿Cuántas chuches me quedaron?

Respuesta: _____ _____.

7 Mi padre ha comprado 6 plátanos y nos hemos comido 4. ¿Cuántos plátanos quedan en el frutero?

Respuesta: _____ _____.

8 En una tienda hay 17 botes de tomate frito y he comprado 2. ¿Cuántos botes quedan en la tienda?

Respuesta: _____ _____.

¡HAGAMOS EJERCICIO!

Antía es nuestra profesora de Educación Física.
Nos enseña ejercicios en clase para estar en forma.

1 Antía se ha inscrito en una carrera por un precio de 5 euros, y paga con un billete de 10 euros. ¿Cuántos euros le devuelven? Rodea la respuesta correcta.

| 2 euros | 4 euros | 3 euros | 5 euros |

2 Los jueves por la tarde queda con sus amigos para salir a correr, desde las 16:00 horas hasta las 18:30. ¿Cuántas horas están corriendo? Colorea la respuesta correcta.

| 8 horas | 2 horas | 2 horas y media | 3 horas |

3 Para alimentarse de forma adecuada para la carrera, Antía ha elaborado un menú semanal con los siguientes platos:

	Lunes	Martes	Miércoles	Jueves	Viernes
Comidas	Arroz	Pasta	Legumbres	Pescado	Carne
Cenas	Pescado	Ensalada	Sopa de ave	Pasta	Pescado

¿Cuántos días come o cena Antía pescado? Marca la respuesta correcta.

☐ 2 días   ☐ 1 día   ☐ 3 días

4 Cuando Antía sale a correr hace siempre el mismo recorrido. **Observa** la figura que tiene el recorrido e **indica** qué forma tiene. **Marca** la respuesta correcta.

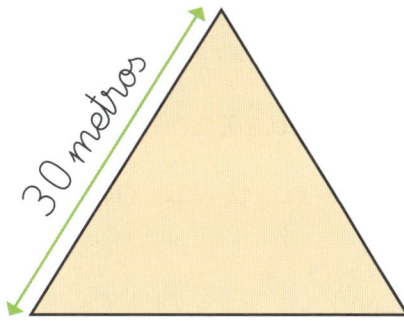

30 metros

☐ Triángulo

☐ Rectángulo

☐ Cuadrado

¿Cuántos metros recorre Antía en total?

Calcula y **rodea** la respuesta correcta.

| 30 metros | 100 metros | 90 metros | 60 metros |

5 Hoy la profesora nos ha hablado sobre los beneficios de hacer ejercicio y de alimentarse de forma saludable.

Señala qué opciones son las más recomendables para conseguirlo.

1 Eva tiene 38 pegatinas de perritos y le regalan 15 más. ¿Cuántas pegatinas tiene Eva en total?

Respuesta: ☐ _____.

2 Víctor colocó ayer 29 piezas de un puzle y hoy ha colocado 18 más. ¿Cuántas piezas tiene ahora el puzle?

Respuesta: ☐ _____.

3 Un autobús lleva 56 pasajeros y se bajan 22. ¿Cuántos pasajeros quedan en el autobús?

Respuesta: ☐ _____.

4 En una carrera hay 45 participantes y se retiran 11. ¿Cuántos participantes quedan en la carrera?

Respuesta: ☐ _____.

5 Pedro tiene 49 cajas de galletas en un almacén. Ha vendido 18 cajas esta mañana, ¿cuántas le quedan por vender?

Respuesta: [ ] _____.

6 En una fiesta hay 24 invitados y se marchan 3. ¿Cuántos invitados quedan?

Respuesta: [ ] _____.

7 El señor García tiene 56 libros en su biblioteca y regala 15. ¿Cuántos libros le quedan ahora?

Respuesta: [ ] _____.

8 Una ciclista ha recorrido 15 kilómetros por la mañana y otros 27 por la tarde. ¿Cuántos kilómetros ha recorrido en total?

Respuesta: [ ] _____.

FICHA **5**

1 En un parque hay 26 niñas y niños jugando al pilla-pilla y llegan 17 más.
¿Cuántos jugadores hay en total?

Respuesta: [ ] _____.

2 Judit tiene una caja con 12 lápices de colores. Si compra otra caja de 6, ¿cuántos lápices tiene ahora?

Respuesta: [ ] _____.

3 En una pizzería hay 19 personas comiendo y llegan 24 más. ¿Cuántas personas están en la pizzería?

Respuesta: [ ] _____.

4 En un restaurante hay 28 mesas ocupadas a las 13:30 horas y se quedan libres 6 a las 14:30. ¿Cuántas mesas siguen ocupadas?

Respuesta: [ ] _____.

5 En un estadio de fútbol hay 68 espectadores para ver un partido. Si llegan 23 más, ¿cuántos espectadores hay ahora?

Respuesta: [ ] _____.

6 Un avión lleva 59 pasajeros y se bajan 18 en la primera escala. ¿Cuántos pasajeros quedan en el avión?

Respuesta: [ ] _____.

7 En una tienda hay 34 juguetes y venden 12. ¿Cuántos juguetes hay todavía en la tienda?

Respuesta: [ ] _____.

8 El jardín de mi casa tiene 20 flores y se plantan 10 más. ¿Cuántas flores hay ahora en el jardín?

Respuesta: [ ] _____.

¿QUÉ HACEMOS HOY?

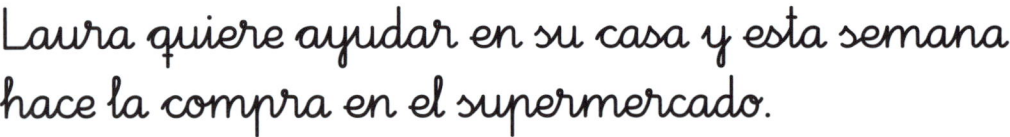

Laura quiere ayudar en su casa y esta semana hace la compra en el supermercado.

1 El lunes por la tarde, al salir del colegio, Laura fue a la compra con 18 euros y se gastó 6 euros en la frutería. ¿Cuánto dinero le quedó?

Respuesta: [ ] _____.

2 Ese mismo día su amigo Luis tenía ganas de merendar y compró dos paquetes de galletas por 4 euros. Si pagó con 15 euros, ¿cuántos euros le devolvieron?

Respuesta: [ ] _____.

3 El martes Laura fue al súper y compró patatas, calabacines, zanahorias, tomates y una lechuga por 12 euros. Si su madre le había dado 24 euros, ¿cuánto dinero le quedó?

Respuesta: [ ] _____.

4 Laura entró en otra tienda y compró una bolsa de frutos secos por 3 euros y una caja de cereales por 4 euros. ¿Cuántos euros le costó la compra?

Respuesta: [ ] _____ .

5 El jueves por la tarde su padre le dio dinero para que comprara 2 litros de leche por 3 euros y un brik de zumo por 2 euros. ¿Cuántos euros le costó la compra?

Respuesta: [ ] _____ .

6 El viernes que ya era el último día, Laura compró 3 paquetes de queso en lonchas por 5 euros y un envase de cuatro yogures por 3 euros. ¿Cuánto le costó la compra?

Respuesta: [ ] _____ .

FICHA **7**

1 Elena tenía 18 galletas y se comió 7. ¿Cuántas galletas le quedaron?

Respuesta: [ ] _____.

2 El padre de David tenía 28 bicicletas en la tienda y el pasado fin de semana vendió 13. ¿Cuántas bicis le quedaron?

Respuesta: [ ] _____.

3 A Sofía le gustan mucho las mascotas. Tiene 3 perros y le han regalado 2 gatos. ¿Cuántas mascotas tiene?

Respuesta: [ ] _____.

4 Un hotel tiene 42 habitaciones ocupadas y se quedan 11 libres. ¿Cuántas habitaciones siguen ocupadas?

Respuesta: [ ] _____.

5 En un mercado hay 30 puestos de venta y cierran 10. ¿Cuántos puestos siguen abiertos?

Respuesta: [ ] _____.

6 La biblioteca del barrio tiene 55 libros de matemáticas y prestan 20. ¿Cuántos libros les quedan?

Respuesta: [ ] _____.

7 En una clase hay 25 estudiantes y 13 se van de excursión. ¿Cuántos estudiantes se quedan en clase?

Respuesta: [ ] _____.

8 Pedro tenía 18 canicas en un bote y regaló 3 a su amigo Luis. ¿Cuántas canicas le quedan ahora a Pedro?

Respuesta: [ ] _____.

1 En el mercadillo del barrio hay 24 tiendas. Hoy han abierto 2 tiendas más. ¿Cuántas tiendas hay ahora?

Respuesta: [ ] _____.

2 Hay 20 personas apuntadas en una carrera y a última hora se unen 16 más. ¿Cuántos corredores van a competir?

0021

Respuesta: [ ] _____.

3 Carlos tenía 19 juguetes y repartió 8 entre sus amigos y amigas. ¿Con cuántos juguetes se quedó Carlos?

Respuesta: [ ] _____.

4 En una biblioteca hay 29 libros y reciben 18 más. ¿Cuántos libros tiene ahora la biblioteca?

Respuesta: [ ] _____.

5 Icíar ha conseguido 24 puntos en un concurso de cuentos y su amigo Ramón, 12. ¿Cuántos puntos tienen entre los dos?

Respuesta: ▢ _____.

6 Un supermercado tiene 23 cajas de leche y recibe 18 más. ¿Cuántas cajas de leche tiene ahora el supermercado?

Respuesta: ▢ _____.

7 Un jugador de baloncesto anotó 17 puntos en el primer tiempo y 15 puntos en el segundo. ¿Cuántos puntos encestó en total?

Respuesta: ▢ _____.

8 En un concierto hay 27 músicos y llegan 15 más. ¿Cuántos músicos van a tocar?

Respuesta: ▢ _____.

Javier y sus compañeros van de excursión para conocer cómo funciona una depuradora.

1 En el autobús observan que la ventana tiene forma rectangular. Sus lados tienen estas medidas:

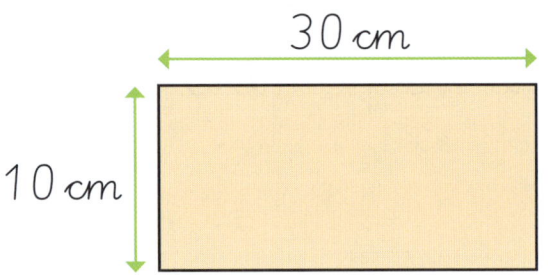

30 cm

10 cm

¿Cuánto mide su perímetro? **Rodea** la respuesta correcta.

| 10 cm | 40 cm | 100 cm | 80 cm |

2 Si salen del colegio a las 10:00 horas y llegan a las 12:00 a la depuradora, ¿cuánto tiempo estarán en el autobús? **Colorea** la respuesta correcta.

4 horas   1 hora 30 minutos

2 horas 30 minutos   2 horas

3 Cuando llegan a la depuradora, el conductor aparca el autobús y se bajan todos. **Observa** dónde está el autobús aparcado y **colorea** la respuesta correcta.

Dentro del recinto.

Fuera del recinto.

4 En la depuradora les dicen los litros de agua que se tratan cada día: el lunes 99 litros; el martes 80 litros; el miércoles 90 litros; el jueves 60, y el viernes 70 litros.

Ordena de menor a mayor los 3 días con más litros depurados.

[_____] < [_____] < [_____]

5 Javier quiere ahorrar en el consumo de agua en su domicilio. Antes gastaba 87 litros a la semana y ahora solo gasta 54. ¿Cuántos litros ha ahorrado?

Respuesta: [____] litros.

1 Antón ha comprado 18 llaveros en una tienda de su barrio. Si después regala a sus amigos 10, ¿cuántos llaveros le quedan?

Respuesta: [ ] _____.

2 Noa tiene 3 manzanas y su hermana Carmela le da 4. ¿Cuántas manzanas tiene Noa ahora?

Respuesta: [ ] _____.

3 En el parque hay 60 árboles. Esta semana han plantado 10 más. ¿Cuántos árboles hay en total?

Respuesta: [ ] _____.

4 Marta ha comprado 9 lápices y le da 5 a su amiga. ¿Cuántos lápices tiene ahora Marta?

Respuesta: [ ] _____.

5 Sandra fue al quiosco y compró 24 pegatinas. Si perdió 4 antes de llegar a su casa, ¿cuántas pegatinas le quedaron?

Respuesta: [ ] _____.

6 Rubén tiene 3 euros y compra un paquete de caramelos por 1 euro. ¿Cuánto dinero le queda?

Respuesta: [ ] _____.

7 Una señora compró 5 pendientes. Otra señora compró 4. ¿Cuántos pendientes compraron entre las dos?

Respuesta: [ ] _____.

8 En una granja hay 23 gallinas y el granjero compra 37 gallinas en otra granja. ¿Cuántas tiene el granjero ahora?

Respuesta: [ ] _____.

1 Martina tiene 8 juegos de mesa y le regalan 5 juegos en su cumpleaños. ¿Cuántos juegos tiene ahora?

Respuesta: _____.

2 En una clase hay 24 alumnos y alumnas y se unen 9 más. ¿Cuántos estudiantes hay en total?

Respuesta: _____.

3 Hay 69 personas en un espectáculo musical. Si se van 17 antes de que el espectáculo termine, ¿cuántas personas se quedan?

Respuesta: _____.

4 Amin tiene una baraja de 46 cartas para jugar con sus primos. Si les reparte 22, ¿con cuántas cartas se queda?

Respuesta: _____.

5 Imena tiene ahorrados 53 euros y su abuelo Hakim le da 20 euros por su cumpleaños. ¿Cuánto dinero tiene Imena ahora?

Respuesta: ____

6 Un equipo de balonmano metió 37 goles en el primer tiempo y 15 en el segundo. ¿Cuántos goles marcó el equipo?

Respuesta: ____

7 En un concierto hay 56 asistentes y 13 se van antes de que acabe. ¿Cuántas personas se quedan?

Respuesta: ____

8 Marcos tenía 42 cromos y le regaló a su hermano pequeño 20. ¿Con cuántos cromos se quedó?

Respuesta: ____

¿QUÉ HACEMOS HOY?

A Juan le gusta mucho leer libros de aventuras y misterio el fin de semana y compartirlos después con sus amigos y amigas.

1 Este curso Juan ha leído 32 libros de aventuras y 19 libros de misterio en la biblioteca. ¿Cuántos ha leído en total?

Respuesta: ☐ _____.

2 Para el fin de semana, Juan sacó de la biblioteca 5 libros de misterio y 7 de aventuras. ¿Cuántos libros sacó en total?

Respuesta: ☐ _____.

3 En su casa tenía todavía 15 libros y devolvió 4 a la biblioteca el viernes porque ya se los había leído. ¿Cuántos libros le quedaron por leer?

Respuesta: ☐ _____.

4 A Juan le ha caducado el carnet de la biblioteca. Su padre le da 13 euros y paga 2 euros para renovarlo. ¿Cuánto dinero le queda?

Respuesta:

5 Juan había utilizado para leer 8 marcapáginas y dejó olvidados 3 en los libros que devolvió. ¿Cuántos marcapáginas le quedaron?

Respuesta:

6 La bibliotecaria le dice que hay 19 libros nuevos esta semana. Juan ha sacado 4 libros más y su amiga Valeria, 3. ¿Cuántos libros nuevos quedan todavía en la biblioteca?

Respuesta:

1 Paula tenía en su armario 9 pañuelos y perdió 7. ¿Cuántos pañuelos le quedaron?

Respuesta: _____ _____ .

2 En un acuario hay 28 peces de colores. Esta mañana han llegado tres personas y han comprado 17 peces. ¿Cuántos peces quedan ahora?

Respuesta: _____ _____ .

3 En una fiesta del colegio había 10 empanadas en una mesa y se pusieron 7 más. ¿Cuántas empanadas había para comer?

Respuesta: _____ _____ .

4 En una caja hay 13 pasteles de chocolate y se añaden 6 pasteles de crema. ¿Cuántos pasteles tiene ahora la caja?

Respuesta: _____ _____ .

5 Mireia tiene 55 piezas para hacer un puzle. Si ha puesto 32, ¿cuántas le quedan todavía?

Respuesta:

6 En el parque de mi casa hay 14 bancos para sentarse y se colocan 18 más. ¿Cuántos bancos hay ahora en el parque?

Respuesta:

7 Alicia tiene una colección de 8 libros de aventuras y le regalan 3 libros para leer en vacaciones. ¿Cuántos libros tiene ahora?

Respuesta:

8 En la papelería de la señora Rosa tienen 30 cuadernos. Si esta mañana ha vendido 10, ¿cuántos cuadernos le quedan todavía?

Respuesta:

FICHA **14**
¿QUÉ HACEMOS HOY?

A Hanna le gustan los animales. Ha estado con sus padres en el zoológico y se ha divertido mucho.

1 Hanna tenía 14 entradas para visitar el zoológico. Utilizó solo 6 para ir con su familia. ¿Cuántas entradas le sobraron?

Respuesta: [ ] _____.

2 Allí sus padres le dieron 9 euros para pagar la entrada al aviario donde había aves de distintos países. Si se gastó 6 euros en esta entrada, ¿cuánto dinero le quedó?

Respuesta: [ ] _____.

3 Al salir del aviario se fue a visitar la zona donde estaban los leones y los elefantes, y vio 8 leones y 9 elefantes. ¿Cuántos animales vio en esta zona?

Respuesta: [ ] _____.

4 Después Hanna se fue a la zona de los delfines que estaban haciendo acrobacias. Primero salieron dos delfines y luego cuatro más, ¿cuántos delfines había en el espectáculo?

Respuesta: [ ] _____.

5 En el zoo hay 23 aves rapaces enfermas. Los cuidadores le dicen a Hanna que la semana que viene 11 aves se curarán. ¿Cuántas rapaces quedarán por recuperarse?

Respuesta: [ ] _____.

6 En la tienda del zoo Hanna compró un oso de peluche por 3 euros, un llavero con forma de jirafa por 1 euro y una pegatina de elefante por 1 euro. ¿Cuántos euros se gastó en estos regalos?

Respuesta: [ ] _____.

1 Una granjera compró 15 vacas y después vendió 10 en una feria de ganado en la que estuvo la semana pasada. ¿Cuántas le quedaron?

Respuesta: _____ _____.

2 En la maleta de Malek hay 4 camisetas, 3 pantalones, 2 libros y 1 flotador para ir de vacaciones. ¿Cuántos objetos ha colocado Malek en su maleta?

Respuesta: _____ _____.

3 Un parque temático tiene 18 atracciones y han instalado esta semana 4 más. Si voy con mis amigos y amigas, ¿cuántas atracciones veremos en el parque?

Respuesta: _____ _____.

4 En las calles de mi localidad había 27 papeleras y se rompieron 5. ¿Cuántas papeleras se podían seguir usando?

Respuesta: [ ] _____.

5 En la sala de un cine hay 40 asientos. Esta semana han quitado 10 para repararlos. ¿Cuántos asientos están disponibles?

Respuesta: [ ] _____.

6 En las fiestas de mi barrio hay 4 puestos de hamburguesas, 2 de perritos calientes y 3 para tomar chocolate con churros. ¿Cuántos puestos de comida hay en las fiestas?

Respuesta: [ ] _____.

En la realización de esta obra han intervenido:

Colaborador
Jhoan M. López - @losprofesdeciencias

Edición
Pilar Esteban

Maquetación
Nieves Merino

Corrección
Miguel Ángel Alonso

Diseño gráfico
Patricia G. Serrano, Marta Gómez y Paz Franch

Edición gráfica
Beatriz Gutiérrez

Fotógrafos
Archivo Anaya (Cosano, P.; Hernández Moya, B.; Lezama, D.; Rivera Jove, V.), iStock/Getty Images (aapsky, abadonian, Alex Raths, Atlas Studio, Coldimages, Dany Kurniawan, Dejan Jekic, Dmitriy Voronov, Dolgachov, GlobalP, grafico2013, Halfpoint, imagen, insemar, Irina Gutyryak, jaanalisette, juliannafunk, kamski, Katsiaryna Pleshakova, klee123, Kuzmik, Ladanifer, LightFieldStudios, Liudmila Chernetska, Ljupco, LSOphoto, Mariia Vitkovska, Mariia Vitkovska, Nerthuz, Peter Baier, phive2015, Razoom Games, romrodinka, Sashkinw, sokoziurke, tonioyumui, TPopova, Yobro10, Zabavna).

ISBN: 978-84-696-3630-5
Depósito legal: M-859-2025

Printed in Spain